AF143718

1

Maitrisons notre avenir

FSC
www.fsc.org

MIXTE

Papier issu
de sources
responsables
Paper from
responsible sources

FSC® C105338

Marc PEZALE

LE REVENU UNIVERSEL

UNE UTOPIE REALISTE

Version 2.3

Édition : BoD – Books on Demand, 12/14 rond-point des Champs-Élysées, 75008 Paris
Impression : BoD - Books on Demand, Norderstedt, Allemagne
ISBN : 9782322198313
Dépôt légal : Février 2021

Merci à Franck mon fils

Sans oublier Julie et Françoise

Pour leur écoute bienveillante

Préambule

Avant tout débat autour du Revenu Universel, qu'on l'appelle Revenu de base, Revenu Universel d'activité (comme moi) ou autre appellation, il faut distinguer deux approches très différentes.

1 – L'approche de ceux qui voient dans le Revenu Universel une aide sociale destinée principalement à combler les manques des laissés pour compte du Capitalisme. On y trouvera des citoyens de gauche engagés contre la pauvreté et contre le Capitalisme et des citoyens se réclamant de la droite humaniste ou Capitalistes libéraux qui ont compris que ce système ne peut perdurer que s'il prend un minimum en compte les besoins des plus pauvres afin d'éviter la remise en cause du modèle.

Pour ceux-là le Revenu Universel n'a pas forcément besoin de l'être (Universel). Il suffit qu'il améliore et simplifie le versement des aides sociales en les regroupant sous une seule appellation. Pour certains il peut même être conditionné à une ou plusieurs exigences ou contreparties. Dans cette version le Revenu Universel peut être versé net d'impôt puisqu'il ne s'adresse qu'aux citoyens aux revenus les plus modestes.

Cette version fait souvent fortement appel à la méritocratie de ses bénéficiaires. (recherche d'emploi etc.)

2 – La seconde approche est toute différente. Il ne s'agit plus de bâtir une aide sociale plus simple, mieux ciblée et plus efficace. Elle n'est nullement liée à la méritocratie, elle est philosophique.

Il s'agit de définir la part de la richesse que la Nation toute entière est prête à consacrer chaque année pour assurer à chaque citoyen, de sa naissance à sa mort, quelle que soit sa condition de naissance, un seuil minimum de subsistance et/ou d'aide à l'insertion dans la Société, quel que soit le régime économique du pays et quelles que soient les conditions particulières du moment (Pandémie par exemple).

Ce n'est **pas** une aide sociale, mais il se trouve qu'en définissant cette part de richesse à distribuer cela rejoint l'objectif de simplification et de garantie des « aides sociales » de la première approche ; pour autant, cet objectif atteint ne sera qu'une conséquence pratique de la décision philosophique de redistribuer une part de la richesse Nationale.

Dans cette seconde approche le Revenu Universel doit l'être (Universel) et doit être inconditionnel.

La redistribution d'une part de la richesse Nationale peut être mise en œuvre de plusieurs manières.

Le Revenu Universel pour tous les citoyens majeurs + les allocations familiales pour les mineurs + les minimums vieillesse pour les retraités + les allocations « spécifiques », pour les handicapés notamment.

<u>De la naissance à la majorité</u> : *l'Etat protège les enfants mineurs par les allocations familiales*

<u>De la majorité au départ en retraite</u> : *l'Etat protège les citoyens en âge d'activité par le Revenu Universel*

<u>De l'âge de la retraite à la mort</u> : *l'Etat protège ses « anciens » par le versement d'une retraite et éventuellement par un complément jusqu'au minimum vieillesse défini.*

<u>Pour les populations « handicapées »</u> : *l'Etat protège ces citoyens défavorisés par les moyens définis ci-dessus (allocations familiales, Revenu Universel, Retraite) en fonction de leur âge, assortis d'un complément spécifique « handicapé ».*

Ainsi, tous les citoyens qui composent la Nation sont protégés par l'Etat grâce à la redistribution de la part de la richesse définie chaque année, et ce, quelle que soit leur condition sociale.

Dans ma thèse, qui se base sur cette seconde approche, j'explore nombre d'autres avantages qui peuvent naître de l'instauration du Revenu Universel.

Pour pouvoir cumuler tous les avantages que je cite il sera vraisemblablement nécessaire de soumettre le Revenu Universel à l'impôt et aux prélèvements sociaux comme tout autre revenu. Quitte à être Universel et Inconditionnel, le Revenu Universel s'adressant à tous les citoyens de manière égalitaire, autant respecter également l'égalité de traitement devant l'impôt et les prélèvements sociaux.

LE REVENU UNIVERSEL D'ACTIVITE

Proposition

Seriez-vous intéressé(e) par un revenu régulier, personnel, officiel, versé par l'Etat, jusqu'à votre départ à la retraite ?

Un revenu d'environ <u>1000 € brut par mois</u>, d'aujourd'hui à vos 62 ans ? (Ou plus)

Un revenu sur lequel vous cotiseriez comme sur votre salaire pour la retraite afin d'augmenter celle-ci à terme ?

Un revenu pour lequel on ne vous demanderait rien en contrepartie, <u>aucune condition ni aucune justification</u> ? Libre à vous d'en faire l'usage qui vous conviendra...

Un revenu que <u>vous pourriez cumuler avec tout autre revenu</u> quel qu'il soit ? sans obligation d'avoir un emploi ou d'assumer aucune tâche...

Sur ce revenu officiel, les frais sociaux habituels seraient prélevés (actuellement 17,2 % SS, CSG, retraite etc.).

Il serait déclaré au même titre que vos autres revenus et vous assumeriez vos impôts correspondants...

Ce revenu serait finalement de <u>828 € net par mois (soit 9936 € nets/an) pendant toute votre vie active…</u>

Votre conjoint (marié, pacsé, union libre) percevrait également, à titre personnel, le même revenu que vous, cumulable, sans conditions, avec toute activité ou non… vos enfants majeurs le percevraient également…

Seriez-vous intéressé(e) ?   VRAIMENT ?

Alors n'hésitez plus, militez, chacun selon vos possibilités et vos réseaux de connaissances

Pour l'instauration du REVENU UNIVERSEL d'Activité

<u>LE VRAI REVENU UNIVERSEL d'Activité</u>, pas celui d'E. MACRON, ou de ceux qui usurpent le nom mais qui ne proposent rien d'universel sans conditions ni justificatifs, qui discréditent, volontairement ou non, le concept du Revenu Universel.

On vous dit que c'est utopique… on vous ment. Non seulement c'est réaliste mais ça répond à 80 % des problèmes que rencontre notre Société aujourd'hui et répondra à 90 % des problèmes du futur proche (20 ans).

Pour en savoir plus lisez attentivement, et **_sans à priori_**, notre thèse sur le REVENU UNIVERSEL d'Activité, de sa justification philosophique et économique à sa mise en œuvre, en passant par tous ses avantages, son financement réaliste et sa contribution à la paix sociale et civile…

Vous pourrez bien sûr, si vous le souhaitez, commenter cette thèse et donner votre avis sur chaque thème abordé, faire participer vos proches et vos amis.

Nous pourrons en débattre de façon interactive librement,

Vous trouverez mon adresse mail sur laquelle vous pouvez me faire part de vos avis quels qu'ils soient...

Je m'engage à répondre à tous.

Informations des dernières semaines (novembre 2020)

A l'heure où je reprends ce texte nous sommes en plein confinement à cause du Covid 19.

Je constate à quel point nous sommes démunis contre ce genre de fléau, à la fois sur le plan sanitaire par manque d'anticipation et sur le plan économique alors que nombre de personnes seront en difficulté financière (travailleurs indépendants, salariés en CDD court, commerçants etc.) puisqu'il n'existe aucune base de revenu sans production dans le système capitaliste. La « machine » étant à l'arrêt, l'économie s'effondre, et la reprise sera très dure pour les Etats qui devront manger leur chapeau en étant contraints d'accepter des déficits budgétaires interdits et « *impossibles* » il y a quelques mois encore. A moins que certains ne fassent participer plus largement les contribuables les plus aisés... Il faudra dans ce cas revoir sérieusement leurs modes de contribution. (ISF, FLAT TAX, IS etc.). En effet on ne peut pas mettre sans cesse en avant la valeur « travail » et défavoriser à ce point les revenus du travail par rapport à la rente du Capital...

Ce que les revendications des peuples n'ont pas réussi à obtenir, un simple virus le fera peut-être. L'Etat, à travers le gouvernement actuel met en place des aides et un fonds de solidarité pour accompagner tous ceux qui souffrent économiquement des décisions prises pour assurer la sécurité sanitaire (chômage partiel, aide aux entreprises, travailleurs indépendants etc.) au prix d'un effort financier colossal dont on ne voit pas encore toutes les conséquences.

Il faut rendre justice aux responsables du gouvernement pour ces efforts très utiles et très courageux politiquement mais, une fois la crise sanitaire passée, il faudra durablement se poser la même question à propos de la redistribution future des richesses. Ainsi nous éviterons de nous retrouver à chaque fois devoir agir dans l'urgence en posant des milliards ici ou là comme de simples rustines, qui ne garantiront pas que le reste du voyage se fera sans crevaison !

En 2015 Bill GATES tenait une conférence pour expliquer, à partir de son vécu humanitaire au sein de sa fondation, pendant l'épidémie EBOLA, que le monde n'était pas prêt, sanitairement parlant, pour faire face à une future pandémie et que l'humanité risquait de le payer de millions de morts ! Il ne faisait ainsi qu'imaginer ce que serait la pandémie du Covid 19 qui nous frappe. Mais naturellement lui aussi devait souffrir du syndrome de Cassandre.

Passe encore que l'Europe ou la Chine n'écoute pas Bill Gates, mais les USA qui sont maintenant en première ligne ne pouvaient pas l'ignorer.

Pour reconstruire sérieusement une économie dévastée, pour éviter une crise de nouvelle pauvreté et de désespoir, qui viendrait s'ajouter à l'énorme mortalité mondiale engendrée par le Covid 19, l'instauration d'un socle de ressources garanti pour tous, tel le Revenu Universel objet de la thèse qui suit, pourrait être une piste sérieuse qui présenterait au moins l'avantage d'être facile à calculer au niveau du coût, et donc à budgéter pour l'Etat, ce qui ne sera pas le cas des mesures disparates et tous azimuts, sans préparation, dont les dépenses seront de toutes façons nécessaires et incontournables.

La Californie, pour relancer son économie après la crise, envisage sérieusement d'étudier la mise en place d'un système de ce genre… Le Canada, l'Allemagne et l'Espagne en parlent également, des Présidents de Départements en France rédigent une « tribune » sur le sujet, le Pape lui-même apporte son soutien à l'idée d'un revenu de base universel dans sa dernière publication « Un temps pour changer », ce qui prouve que ce qui est présenté comme une « Utopie », balayée d'un revers de main en « temps de paix », peut devenir possible et même devenir la norme en « temps de guerre »…

En Europe, la Banque Centrale, peut alimenter les pays en créant de la monnaie (Aujourd'hui ce ne sont plus que des écritures comptables dans un fichier) pour couvrir exceptionnellement les besoins indispensables, comme c'est le cas actuellement. Mais une fois la pandémie vaincue les Etats devront à nouveau se débrouiller avec leur propre budget et avec leur dette, amplifiée du prêt consenti par la Banque Centrale Européenne.

Pour éviter une explosion de la dette à rembourser, notamment dans les pays du sud déjà très endettés, il serait peut-être judicieux d'annuler au niveau Européen une partie de cette dette liée à la pandémie, même au prix d'une légère inflation et d'une dévaluation de fait de l'Euro (qui n'a pas que des inconvénients, notamment pour le commerce extérieur à l'Euro). C'est le bon moment puisque tous les pays du monde vont être dans le même cas que l'Europe, l'impact en sera moins important.

Il n'est pas question de mutualiser ou d'annuler **Toute** la dette Européenne, certains pays s'y opposent fermement, mais annuler un seuil de dette égal pour chaque pays (Valeur par tête d'habitant par exemple) serait une solution. Ainsi aucun pays ne se sentirait lésé et la dette resterait à des niveaux raisonnables pour les décennies à venir… C'est le même principe du revenu universel appliqué aux nations…

Ce projet de revenu Universel, pourrait redonner espoir aux citoyens, à condition que ça ne reste pas uniquement sur le plan philosophique ; il devrait être étudié et débattu au « Parlement » (il en est récemment question), mais je crains que dans la classe politique, même à gauche, cela ne reste qu'une « idée sympathique », sans plus, car il existe beaucoup d'à priori et d'idées reçues sur le sujet. D'autre part, si débattre de la possibilité d'instaurer le Revenu Universel devient « à la mode », je redoute que chaque parti politique ne veuille se présenter comme celui qui en est à l'origine alors qu'en fait l'idée n'appartient à personne. Elle est dans l'air du temps depuis pas mal d'années déjà. Il sera de toute façon nécessaire de trouver un consensus sur le sujet alors, de grâce, évitez les querelles pour prendre les problèmes à bras le corps.

A suivre…

Présentation de la thèse

Ci-dessous vous trouverez le premier volet de ma thèse, mais :

Si vous pensez qu'il faut d'abord abattre le Capitalisme cette thèse n'est pas pour vous.

Si vous croyez à la Révolution violente et au « grand soir » cette thèse n'est pas pour vous.

Si vous pensez qu'il faut d'abord tout mettre par terre et repartir de zéro cette thèse n'est pas pour vous.

Dans tous les cas vous pouvez la lire quand même.

Pour les autres lisez la thèse ***sans à priori*** et réfléchissez-y sérieusement…

Les chiffres évoqués en référence dans ce document ont été récoltés en 2017 sur les sites gouvernementaux ou des grands médias, mais cela ne nuit en rien au raisonnement. Au contraire, leur évolution en 2018 et 2019 conforterait plutôt la thèse…

Le Capitalisme, efficace pour créer de la richesse, semble avoir gagné la partie face aux autres systèmes économiques dans un contexte mondialisé. Même la Chine s'y engouffre… Pourtant cette richesse créée ne rend pas les peuples plus heureux car la part la plus importante est confisquée par une minorité. La monnaie, clef de la répartition des richesses, n'est pas accessible à tous. De plus l'exploitation exponentielle des ressources naturelles (Energies, matières premières), nécessaires à la production sans cesse plus importante pour que le système fonctionne, menace la survie de la planète. Il est donc urgent de trouver des solutions pour encadrer le Capitalisme et corriger ses défauts.

Les « maîtres mots » du Capitalisme sont PRODUCTION et CROISSANCE.

Or, depuis un demi-siècle la production de la France n'a fait que croître.

1000 Mds d'euros en 1980 à 2292 Mds € en 2017. (Mds = Milliards) dernier chiffre : plus de 2426 Mds en 2019 soit une progression de près de 200 Mds en 3 ans (hors pandémie).

Pendant la même période (1980 – 2019) le temps de travail disponible pour le salariat n'a fait que baisser (-30%) et le pouvoir d'achat des salariés stagne ou régresse…

Informatisation, robotisation, demain intelligence artificielle, plombent le rapport production/emploi.

Dans la situation actuelle, seuls Capital et Salariat sont bénéficiaires de la richesse produite. La redistribution leur est donc prioritairement réservée. Ceux qui en sont exclus n'ont pas accès à la monnaie… ou sont considérés comme assistés… et ont des comptes à rendre…

Pourtant il existe une « production non chiffrée », apportée par les acteurs sociaux et/ou « non productifs » de la Nation (Associations, bénévolat, etc.). La Nation toute entière, par la consommation (TVA), participe à la structuration de la Société et au fonctionnement de l'Etat (Juridique, police, armée, éducation, santé, transports etc.) sans la protection duquel la production et le marché ne pourraient pas survivre. De plus, une part de la richesse d'aujourd'hui est aussi le résultat des efforts des générations précédentes et cet « héritage » appartient à la Nation toute entière.

Penser et dire que seul le Capital et le salariat sont productifs me semble erroné.

Il ne faut pas confondre « travail » et « emploi ». Tout le monde travaille, même l'homme ou la femme au foyer, même si elle (il) n'a pas d'emploi au sens « contrat » de travail rémunéré, de même le bénévole aux « restos du cœur » ou dans une association caritative. Tous participent à la stabilité civile et sociale, pas seulement les salariés et les entreprises.

La stabilité civile et sociale est une condition de survie de la production. Les infrastructures <u>collectives</u> permettent au Capital de prospérer mais il est quasiment le seul dans ce cas.

 La Société dans son ensemble (<u>au-delà des seuls acteurs du Capital et du salariat</u>) semble donc pouvoir objectivement revendiquer *une part « sociale » dans la production, la richesse et le stock de Capital* du pays. Il est bien entendu difficile de la mesurer, mais elle existe indubitablement.

La justification de cette revendication d'une part « sociale » de la richesse n'est pas seulement philosophique mais également économique. Sa redistribution doit pouvoir aller au-delà des acteurs du Capital et du salariat. Ces autres bénéficiaires potentiels ne doivent pas être considérés comme des assistés mais comme des bénéficiaires « de plein droit », quel que soit le mode de redistribution choisi par l'Etat.

La possession de la majorité de la richesse par une minorité de citoyens est contre-productive économiquement.

En effet, quand ceux qui ont trop de pouvoir d'achat épargnent et (parfois) ne pensent qu'à placer leur superflu dans les paradis fiscaux, ceux qui n'ont pas assez s'empressent toujours de consommer pour combler leurs manques et font ainsi mieux fonctionner la machine économique du capitalisme.

Le revenu Universel développé dans les chapitres qui suivent n'est en fait que la redistribution égalitaire par l'Etat de cette « part sociale » qui appartient à la Nation toute entière…

Commençons par étudier la position de l'opinion publique sur le sujet du Revenu Universel.

Ce qui ne passe pas dans l'opinion courante et qui alimente les <u>arguments</u> des détracteurs du revenu universel :

- *Cela désocialise ceux qui ne voudront plus travailler.* Mais, du travail, il y en a de moins en moins, et, quoique l'on fasse, pas pour tout le monde. Que font-ils aujourd'hui ceux « *qui ne veulent pas travailler* » ? ils se contentent de toucher le RSA. Cela ne change rien. Il y aura toujours une minorité (< 1%) dans ce cas, je les appelle les « surfeurs à Miami » (ou à Mimizan, proche de chez moi !). *On ne peut pas renoncer à ce projet, qui sécuriserait la majorité des travailleurs pauvres et précaires, à ce prétexte insignifiant.*

- *Il faut favoriser la valeur « travail ».* Mais, actuellement, obliger les travailleurs pauvres à accepter n'importe quel emploi sous menace de suppression des aides ne me semble pas « valoriser » le travail. Pouvoir choisir d'accepter ou pas un emploi me semble beaucoup plus pertinent car cela oblige à reconsidérer la « valeur » du travail et des conditions proposées au salarié. *De plus, la « valeur travail » des bénévoles est aujourd'hui complètement ignorée.*

- *L'état n'a pas les moyens financiers*.

   Mais, c'est prendre le problème à l'envers. Car la politique c'est de définir un objectif à atteindre d'abord, et ensuite de mettre en œuvre les moyens pour y parvenir. Dire à priori « ce n'est pas possible » c'est renoncer par avance à tous les grands projets pour se satisfaire de la « cuisine » politicienne. Car quand l'Etat donne 100 € cela ne lui coûte pas 100 € car mécaniquement une grande partie retourne à l'Etat gestionnaire (prélèvements sociaux, Tva, impôts directs et indirects).

   Il ne faut pas se focaliser sur le coût de la mesure mais voir le différentiel entre la situation actuelle et la situation envisagée pour le futur. Voir toutes les aides actuelles et leur coût de gestion que cela économiserait.

- *Donner un revenu sans contrepartie c'est nourrir des bons à rien !*

   On entend souvent cet argument même s'il est caricatural. Pourtant toute la richesse future de la Nation (Créativité, inventivité, recherche, réflexion, philosophie) se trouve là. Pour faire émerger toute cette richesse il ne faut pas que les citoyens en soient réduits à ne faire QUE des tâches « alimentaires » et à rentrer fourbus le soir pour s'abrutir de programmes TV, car ces conditions sont létales pour la créativité d'une Nation. Et que dire des femmes (ou des hommes) au foyer ? que ce sont des bonnes à rien même si elles sont des bonnes à tout faire ! Et tous les bénévoles ?

- *On ne va quand même pas le donner aux riches !*
Mais, on vous dit : **UNIVERSEL** (sous réserve des âges concernés) alors ça veut dire TOUS les citoyens Français qui respectent les lois de la république. Pas de discussions pour l'attribuer, pas de contrôles, pas de fraudes… Les « riches » dont on parle participeront, à leur niveau, au financement de la mesure. Je serais personnellement favorable au paiement de l'impôt dès le premier Euro, même si c'est de façon marginale. Ainsi chacun serait solidaire en fonction de ses possibilités, car le Revenu Universel d'Activité ne doit pas être une mesure perçue par les uns et payée par les autres. Pour cette raison toutes les propositions qui tendent à moduler le Revenu Universel (dégressivité en fonction de l'imposition par exemple), outre la complexité qu'elles introduisent pour l'attribution, le calcul et le versement, ne feront que monter les Français les uns contre les autres.
Le montant doit donc être unique et fixe.

Un socle universel qui garantit à tous d'avoir un toit et de pouvoir se nourrir est ce que l'ETAT doit à la NATION.

Au-delà de ce socle la méritocratie à toute sa place.

Objectifs concrets du projet

En présentant ce projet de Revenu Universel d'activité les objectifs poursuivis sont :

- Réconcilier les Français sur tous les grands thèmes économiques de la Société.
- Donner des gages aux détenteurs du Capital (qui sont aussi les investisseurs dans l'Economie).
- Donner des gages aux salariés (qui sont une partie de la force vive de la Nation).
- Reconnaître TOUTES les activités UTILES salariées ou non.
- Supprimer l'assistanat réel ou supposé.
- Respecter tous les citoyens, qui ont droit au même traitement quel que soit leur choix de vie.
- Augmenter le pouvoir d'achat de TOUS de façon égalitaire et relancer l'économie grâce à la consommation.
- Respecter la justice fiscale en conservant la progressivité de l'impôt.
- Ne pas surendetter la France par des mesures trop coûteuses et surtout aléatoires et non maîtrisées.
- Anticiper l'effondrement du marché de l'emploi face à l'Intelligence Artificielle (Cela va venir très vite).
- Supprimer la gestion administrative du chômage.
- Favoriser la créativité et la productivité de la France.
- Eviter la fuite des capitaux.
- Favoriser la compétitivité de nos entreprises.

- Valoriser le travail.
- Favoriser l'expansion du tissu associatif.
- Favoriser l'autonomie de chacun et œuvrer à l'égalité homme/femme.
- Conforter le régime de retraite de la Sécurité Sociale
- Rompre avec la course à la croissance exponentielle qui pille la planète en matières premières et énergies.

Règles à respecter :
- Proposer des solutions :
  o Simples à mettre en place
  o En utilisant les organismes existant déjà
  o Donc sans créer de structures spéciales
  o Peu coûteuses en gestion
  o Compréhensibles par tous
  o Qui évitent les dérapages budgétaires
  o Qui évitent les fraudes
  o Equilibrées, justes, équitables
  o Qui protègent les plus faibles
  o Qui soient efficaces

Pourquoi une énième version de proposition sur le Revenu Universel ?

Je ne suis pas le seul, bien sûr, à proposer d'instaurer un revenu Universel. Le MFRB (Mouvement Français pour un Revenu de Base) a notamment publié plusieurs ouvrages à ce sujet. Benoit Hamon très récemment (Ce qu'il faut de courage) dresse un plaidoyer en faveur du Revenu Universel. Des présidents de Département et de région y réfléchissent.

Le parlement propose d'étudier cette question en 2021.

Mais il faut se mettre d'accord sur la définition du Revenu Universel d'Activité et ce qu'il comporte. Car on voit bien depuis quelques temps que ceux qui plaident en faveur du revenu Universel viennent de tous les horizons politiques et culturels voire cultuels.

Si le principe de base peut attirer tous ces gens différents c'est parce que chacun peut y trouver son compte, à condition que le contenu réel de la mesure prenne en considération les intérêts de tous ces groupes de citoyens souvent politiquement opposés.

Il faut donc, face à ce projet, que chacun se focalise sur ce qu'il va lui apporter sans critiquer ce qu'il peut apporter aux autres. Essayons pour une fois d'être pragmatiques, bannissons la jalousie, mettons de côté nos dogmes, faisons taire nos peurs, pour nous concentrer sur l'intérêt général…

Tous ceux qui ont écrit sur le Revenu Universel y ont mis ce qu'ils ont voulu. Je les ai lus avec intérêt.

Ainsi, parmi toutes les propositions que j'ai lues et étudiées, j'ai trouvé que beaucoup présentaient des failles, des impossibilités ou des mises en œuvre complexes. Les « défauts » que j'ai rencontrés dans ces divers écrits sont :

- **S'il n'y a pas d'inconditionnalité**

  Si on y met des conditions on retombe dans le travers du contrôle nécessaire et des coûts qui vont avec. De plus, on conserve les tracasseries administratives, ce n'est plus un droit ça reste une aumône… le seul devoir qui doit être exigé est de respecter les lois de la République…

- **S'il n'est pas Universel** (sous conditions de ressources, de contrepartie etc.)

  Si on ne le verse pas à tous, automatiquement, « riches » inclus, ça restera considéré comme un assistanat versé aux uns, payé par d'autres. Toutefois le verser aux enfants ne me semble pas judicieux (mieux vaut conserver les allocations familiales pour aider les familles). Voir développement plus loin.

31

- **S'il est trop coûteux** (S'il est versé à tous les Français de la naissance à la mort... par exemple)

67 millions de Français x 1000 €/mois x 12 = 804 Milliards € par an !

Si je l'appelle Revenu Universel d'Activité ce n'est pas pour imposer à tous d'avoir obligatoirement une activité (Choix de vie à respecter) mais cela fait référence à la période pendant laquelle un citoyen peut être en activité. Cela exclut les mineurs et les retraités qui par définition ne sont pas encore, ou ne sont plus en activité. Mais le libre choix de rester en activité plus longtemps doit être préservé quel que soit l'âge. C'est pour cette raison que le RUA doit donner des droits à retraite pour venir conforter celle-ci au-delà des cotisations versées pendant les périodes de salariat. Ainsi de 67 millions de bénéficiaires (si on le donne à tous) on passe à 35 millions (16 millions de mineurs et 16 millions de retraités) Et 35 millions de bénéficiaires x 1000 €/mois x 12 = 420 Mds d'Euros **brut** par an au lieu de 804 Mds, ce qui est beaucoup plus réaliste, si l'on veut réellement aboutir à son instauration, car on peut toujours penser et dire que ce serait mieux de le verser à TOUS mais dans ce cas je crains fort que la mesure reste dans les cartons indéfiniment...

- **Si le montant est trop faible**

Par exemple si pour le donner à tous il faut le réduire de moitié.

Si le montant est trop faible il ne pourra pas remplacer et améliorer les aides actuelles et, de plus, aucune cotisation ne pourra être prélevée au risque qu'il soit encore plus ridicule...

- **Si le montant n'est pas uniforme** (proportionnel à l'imposition... ou à l'âge etc.)
  Si le montant n'est pas unique et uniforme on entrera dans de la gestion pour son calcul avec création d'une administration spéciale, avec un directeur, des sous-directeurs, des services etc. et des coûts et gaspillages correspondants...

- **S'il n'est pas nominatif et exclusif** (Modulé pour un couple ou une famille par exemple, etc.)
  S'il n'est pas nominatif et exclusif il sera confisqué par certains et ne répondra plus à la garantie d'autonomie de chacun... (liberté des femmes vis-à-vis de leur conjoint... entre-autre). Le fait qu'il soit nominatif et exclusif exclut que l'on puisse le verser aux mineurs.

- **S'il est inaliénable** (il faut pouvoir en être suspendu ou déchu si nécessaire).
  Voilà une différence importante par rapport à la majorité des propositions sur le sujet.

Les contrevenants à la loi de la République condamnés par la justice doivent pouvoir en être privés pendant leur peine. Si la seule contrepartie demandée pour y accéder est de respecter les lois de la République, cette condition doit être maintenue dans le temps et donc, si la condition n'est plus remplie, le RUA doit être suspendu (C'est une question de cohérence). Les citoyens « modèles » ne comprendraient pas que l'on verse (Grâce à leurs impôts) un revenu à des délinquants par exemple…

- **S'il n'est pas assujetti aux prélèvements** sociaux ou à l'impôt

S'il n'est pas créé en montant brut, avec tous les prélèvements habituels, il ne peut plus être considéré comme un revenu à part entière et, encore une fois, si sa gestion est différente des autres revenus on génère des coûts de gestion dont on doit **absolument** se passer… Il ne faut pas retomber dans le travers des aides actuelles qui, en ne générant aucun prélèvement, entérine l'image de l'« assistanat », et sont si nombreuses et disparates que leur gestion est devenue un gouffre et un casse-tête.

- **S'il ne génère pas de cotisation** pour la retraite ou la protection santé

S'il doit être un revenu comme un autre il doit générer des droits financiers à la retraite par une cotisation. Le problème de la validation des périodes d'activité est un autre problème à traiter séparément. (Voir plus loin)

Supprimer la gestion administrative du chômage grâce au Revenu Universel d'Activité

L'existence en soit du chômage n'est pas un réel problème pour l'Economie capitaliste. Ce sont les difficultés qu'il engendre pour ceux qui y sont confrontés qui sont problématiques. Le fait qu'un certain nombre de citoyens n'aient pas ou peu accès à la monnaie génère des exclus du système qui ne peuvent survivre que grâce à l'assistanat ou au contournement des lois (délinquance, travail au noir, trafics de toutes natures etc.). Le pouvoir politique est donc toujours contraint de tenter de régler les problèmes liés au chômage, c'est-à-dire à sa gestion, sa courbe, son indemnisation, son financement…

 Or, les gouvernements ont autre chose à faire que s'occuper de gérer le chômage et son indemnisation (Garantir la sécurité des citoyens, anticiper la protection sanitaire du pays, par exemple !). La courbe du chômage a coûté leur non-réélection à tous les Présidents depuis presque 30 ans.

D'un côté les citoyens, qui ne veulent pas être contraints aux tracasseries et procédures de contrôle des chômeurs qui constituent pour eux une « double peine ».

De l'autre les entreprises, qui souhaitent pouvoir proposer des emplois courts, embaucher et débaucher en fonction de leurs besoins réels sans être contraintes aux procédures de contrôle des entreprises qui constituent pour elles un frein à la productivité.

Grâce au RUA laissons les entreprises et les salariés contracter librement la partie des emplois qui doivent rester flexibles pour ajuster la production nécessaire au fonctionnement de l'entreprise.

Les salariés en recherche d'emploi veulent avoir le choix (théorique et financièrement réaliste) d'accepter ou pas les emplois proposés. Le RUA permettra aux salariés d'avoir ce choix.

Actuellement les salariés de Pôle emploi sont pris entre deux feux : les entreprises qui ne proposent pas grand-chose de très alléchant, les chômeurs qui ne veulent pas, pour quelques centaines d'euros changer de vie, faire de longs trajets pour des emplois précaires et/ou mal rémunérés.

Le paradoxe c'est donc que des emplois sont parfois disponibles, des salariés sont disponibles et ça ne marche pas... La loi du marché, prônée par le capitalisme, devrait conduire à admettre que si les emplois disponibles ne sont pas pourvus c'est parce que leur rémunération n'est pas en accord avec le marché (l'offre et la demande). Si les rémunérations sont doublées pour ces emplois (par exemple) ils trouveront plus facilement preneurs. Le patronat doit prendre ses responsabilités en la matière et ne pas attendre de l'Etat des « aides » sans cesse renouvelées.

Vouloir contraindre des chômeurs à prendre des emplois inintéressants, précaires et mal payés au prétexte que leurs indemnités coûtent trop cher est un déni de justice et de liberté.

Il faut donc supprimer la gestion administrative du chômage de nos préoccupations politiques dans l'avenir, car avec l'Intelligence Artificielle qui se profile le taux de chômage sera de 20% dans 20 ans… voire plus, même si quelques embellies ponctuelles tentent de faire croire le contraire, au prix de mesures drastiques sur le code du travail, mesures qui ne tardent pas à faire descendre le monde du travail dans la rue et à gâcher l'embellie.

Il faut donc trouver *une autre solution*. L'ANPE puis le Pôle Emploi, et l'Assedic ont coûté des fortunes à la société depuis des années sans effet durable. *Ne rémunérons plus le chômage* et supprimons toutes les charges de structure et de gestion qui en découlent, *mais* :

Redéployons les moyens financiers de l'Etat pour mettre en place le *revenu Universel d'Activité* qui ne se soucie pas de la condition des bénéficiaires et élimine toutes les contraintes administratives, tous les contrôles, toutes les charges de gestion et toutes les fraudes.

Le Revenu Universel d'Activité n'est nullement incompatible avec la volonté des citoyens de travailler, au contraire. Ainsi les emplois courts pourront trouver preneurs puisque leur rémunération viendra en complément du revenu Universel d'Activité, pour un pouvoir d'achat bien supérieur, alors qu'aujourd'hui la reprise d'un emploi arrête le versement des allocations Assedic.

Il est possible néanmoins que grâce au RUA, dans certains couples, l'homme ou la femme choisisse de rester à la maison pour élever les enfants. Ainsi une partie des emplois rendus disponibles pourront être proposés à d'autres hommes ou femmes en recherche d'emploi. Cela **ne favorise pas l'« oisiveté »**, comme certains le laissent entendre, mais conforte la politique de la famille chère aux conservateurs.

De plus, les indemnités chômage actuelles n'ouvrent pas de droit financier à la retraite (pas de cotisation), elles permettent juste de valider des trimestres, alors que le Revenu Universel d'activité permettrait de cotiser plus, pour une retraite future plus importante que celle générée par les seuls emplois successivement occupés « sous contrat ».

Revenu Universel d'Activité + travail salarié (même précaire) = une vraie perspective de réussir sa vie pour chaque citoyen.

Ne pas oublier que l'objectif de la politique est d'essayer d'améliorer la condition des citoyens *avant tout*. En proposant un socle égalitaire et universel de ressources, le Revenu Universel d'Activité offre un rééquilibrage entre la puissance collective et la puissance individuelle.

Les étudiants des classes défavorisées, contraints aujourd'hui pour vivre de travailler au Mc DO par exemple, au détriment de leurs chances de réussite dans leurs études, pourraient s'y consacrer avec plus de facilité en percevant le RUA. Et MC DO se verrait contraint de son côté d'offrir **de vrais emplois**, au vrai prix du marché pour continuer à engranger le même chiffre d'affaires. Cet exemple est caractéristique de l'effet positif de la mesure, en favorisant le vrai travail pour les vrais travailleurs.

L'affaiblissement des instances protectrices (droit du travail, assurance maladie, prestations sociales...), ajouté au chômage de masse qu'aucun gouvernement depuis plus de 30 ans n'a pu résoudre (et qu'aucun ne résoudra dans l'avenir), la précarisation et la flexibilisation du travail ont laminé le pouvoir des citoyens. Il faut donc retrouver un équilibre.

Les citoyens privés d'emploi sont, soit marginalisés, soit assistés et se perçoivent comme une charge pour la collectivité. L'individu a besoin de se sentir comme une force positive pour soi et pour la société. C'est une question d'amour propre. Le revenu Universel d'Activité répond à ces problématiques car il n'est pas une « aide sociale » accordée à certains et financée par les autres. Il constitue un droit pour chaque citoyen de bénéficier d'une petite partie des richesses de la France pour lui permettre de se réaliser et de s'insérer dans la société.

L'Etat doit rompre avec la pédagogie des « coups de bâtons » (suppression des aides comme envisagé...), soi-disant nécessaire pour contrer une supposée oisiveté naturelle de l'être humain. Considérer l'emploi (et à fortiori le plein emploi) comme la fin ultime de la Société alors qu'il se délite chaque jour davantage nous expose à une montée des violences civiles. *Le Revenu Universel d'Activité sera, inévitablement, le nouveau pilier de l'ordre public et social*.

Notre époque a besoin d'idées nouvelles (ou anciennes mais qui n'ont jamais été essayées), après tant d'échecs pour tenter de renouer avec le plein emploi.

Assurer la paix civile et sociale grâce au Revenu Universel d'Activité

Le plein emploi est en déliquescence, la croissance passée, présente et future ne suffit pas à générer du travail permanent pour tous. Cette déliquescence du plein emploi, en excluant de fait certains citoyens de l'accès à la monnaie, est *génératrice de chaos*.

Cette croissance que certains appellent de leurs vœux sans cesse pour alimenter la théorie du « ruissellement » (plus les riches s'enrichissent, plus les pauvres reçoivent de miettes) provoque, de plus, un *pillage en règle de la planète en énergie et matières premières*. Jusqu'où cela va-t-il nous mener ? On ne peut pas simultanément afficher une volonté théorique de sauver la planète et vouloir la croissance exponentielle pour régler nos problèmes immédiats.

Dans ce contexte, les « privés d'emploi » sont donc, soit marginalisés et n'ont pas accès à la monnaie (sauf incivilités, délinquance, trafics etc…), soit assistés, avec une perte de dignité et d'amour propre, d'autant plus si la stratégie du bâton menace (réduction ou suppression des allocations en point de mire), comme il est envisagé dans un futur proche.

Pour valoriser la valeur travail il est préférable que les citoyens aient **envie** du travail plutôt que ce soit une **obligation.**

Il faut donc retrouver un équilibre entre les citoyens (*respect, considération, justice*)

Il faut que l'Etat arrête de vouloir gérer le chômage, qui s'apparente au mythe de Sisyphe (30 ans sans effet).

Pour que chaque citoyen puisse avoir accès à la monnaie, sans se sentir culpabilisé, assisté, en gardant sa dignité et sa liberté, *le renouvellement des idées est indispensable*.

Utilisons donc plutôt la part « sociale » de la richesse du pays, décrite plus haut, qui revient de droit à la collectivité, pour *redistribuer un socle de richesse universel* qui garantira les conditions de sécurité pour tous et de production optimale (ce qui ne veut pas dire exponentielle) pour l'économie du pays, dans un climat civil et social apaisé.

En contrepartie assouplissons les conditions d'emploi pour les entreprises en ne pénalisant pas (comme cela est envisagé) celles qui sont contraintes à la flexibilité et ont recours aux contrats courts. Aujourd'hui les contrats courts sont une mise en précarité des salariés (ce qui n'est pas juste), mais si ces salariés sont bénéficiaires du RUA celui-ci éradique de façon automatique la précarité actuelle et permet aux entreprises et aux salariés de contracter librement selon leurs besoins respectifs et selon la loi du marché (puisque le travail est devenu une marchandise comme une autre dans le monde capitaliste).

Toutefois cette liberté de contracter doit respecter quelques règles :

- Ne pas contracter en dessous du SMIC horaire
- Conserver les CDI avec toutes leurs prérogatives.

Il est à noter que les entreprises, que l'on pourrait soupçonner de ne souhaiter que des CDD, auront intérêt à contracter un maximum de CDI lorsque leur activité le permet. En effet, outre que les salariés chevronnés connaissent mieux les fonctionnements de l'entreprise et sont donc plus performants, l'impôt « société » modulé à la baisse en fonction du nombre de CDI présents dans l'entreprise ne peut que les inciter à contracter des CDI. (Voir plus loin la proposition de l'impôt Société modulé, au lieu de « taxer les robots »).

Dans la vraie vie des entreprises aucune n'embauchera un salarié pour toucher une prime ; aucune ne licenciera un salarié qui est nécessaire à sa production. Et celles qui ont une activité variable (saisonnalité ou carnet de commandes aléatoire...) auront toujours recours à des contrats courts correspondant à l'activité réelle, qu'elles subissent ou non des pénalités !

On peut être convaincu du bien-fondé de la mise en œuvre du Revenu Universel d'Activité...

Mais il faut d'abord en faire le choix politique, étayé sur les considérations développées ci-dessus et dont la mise en œuvre doit être *sérieusement* étudiée, réfléchie, préparée.

Il faudra, ensuite, se pencher sur la gestion comptable et le choix des ressources et des moyens nécessaires. Il faut *des solutions simples* (pas d'usine à gaz technocratique), qui soient peu coûteuses en gestion, justes et équitables.

Le ***REVENU UNIVERSEL D'ACTIVITE*** me semble être le ***seul outil** qui permettrait* :

- De continuer à produire, et à certains de s'enrichir (raisonnablement), dans un climat civil et social apaisé.
- De valoriser le travail par le choix possible qu'il donne à chacun de refuser un emploi, à contrario de la situation actuelle qui impose aux supposés assistés de prendre n'importe quel emploi sous menaces de sanctions…
- De donner de la sécurité aux catégories les moins bien servies (par la naissance ou l'absence de réseaux)
- De simplifier ou supprimer la gestion « sociale » du chômage (Assedic, pôle emploi, SS, RSA, APL, etc.)
- D'éviter le gaspillage et l'éparpillement des ressources de l'Etat dans une multitude d'aides différentes à la gestion compliquée et coûteuse.
- De consolider les régimes de retraite et le montant des retraites futures. La gestion d'aujourd'hui est une bombe à retardement car tous les « assistés », qui ne cotisent pour la retraite que lorsqu'ils ont un bulletin de salaire, se retrouveront dans 30 ans avec une retraite très minorée qui ne leur permettra pas de vivre.

- De concentrer les efforts sur les services publics utiles (plutôt Santé, éducation, justice que rémunération et gestion du chômage, Assedic etc.)
- De relancer l'économie par l'augmentation du pouvoir d'achat et par la consommation (perception de TVA), notamment dans les domaines des équipements de base et de la transition écologique.
- De favoriser les initiatives et l'entreprenariat par la sécurité d'un socle de ressources, et le droit à l'échec.
- De protéger les conjoints qui se séparent en assurant à chacun un socle de ressources personnel.
- De sécuriser les familles mono parentales
- De favoriser l'égalité hommes/femmes en donnant à chacun une autonomie financière minimum.
- De permettre à tous les étudiants, et plus particulièrement à ceux des classes modestes de poursuivre des études au-delà de leur majorité.
- De favoriser l'obtention d'un crédit ou d'un logement.
- De favoriser l'accès à la propriété
- D'augmenter considérablement le pouvoir d'achat des smicards et des classes moyennes.
- De sécuriser les salariés qui acceptent des contrats courts.
- De sécuriser les entreprises qui ont besoin de flexibilité et de contrats courts.
- De sécuriser les entreprises grâce à une main d'œuvre plus détendue et donc plus efficace.

- De permettre, par le pouvoir d'achat donné aux classes modestes, de conforter la pérennité de la consommation et du même coup de donner des gages de sécurité au Capitalisme et ainsi éviter la fuite des capitaux.
- De consolider le régime de retraite de la SS en élargissant l'assiette de cotisation au-delà des seuls salaires.
- D'augmenter à terme le montant des retraites perçues (+ de cotisations)
- De favoriser la paix sociale en permettant une liberté de choix de vie accrue.
- De sortir de la logique de la croissance exponentielle sans fin, très négative écologiquement pour la planète.

- De Favoriser l'image et le rayonnement de la France en Europe et dans le monde comme une nation Libre, Juste, Inventive, Sociale, Entreprenante, Efficace, pouvant servir d'exemple.

- Et quel confort pour les responsables politiques de demain de *ne plus avoir à gérer le chômage !* et de ne pas être jugés sur la réalisation d'objectifs inatteignables.

TROUVEZ UNE AUTRE MESURE SIMPLE, EFFICACE ET JUSTE QUI REPONDE A TOUS CES CRITERES…

JE NE CROIS PAS QUE VOUS Y PARVIENDREZ…

48

Le revenu Universel d'Activité pour sauver le régime de retraite de la Sécurité Sociale

Les retraités

S'ils ne sont plus « actifs », ils l'ont été et ont participé à l'accroissement de la richesse du Pays.

A ce titre, ils doivent pouvoir compter sur un revenu régulier qui doit évoluer avec l'évolution du coût de la vie. L'indexation des retraites sur l'inflation est une mesure de bon sens et de justice.

La retraite par répartition, adaptée à l'âge d'or de l'après seconde guerre mondiale, a bien du mal à subsister aujourd'hui alors que les courbes actifs/inactifs se croisent et que les actifs le sont de plus en plus tard, à des salaires de plus en plus bas (cotisations faibles), quand ils ne sont pas au chômage, alors que les retraités sont de plus en plus nombreux (baby-boom) et qu'ils vivent, et c'est tant mieux pour tout le monde, de plus en plus vieux. Vouloir payer les retraites à partir des cotisations des actifs alors que ces actifs cotisants sont et seront de moins en moins nombreux d'année en année (robotisation, intelligence artificielle) est un défi de taille, et peut-être même la quadrature du cercle. Comment sortir de cette impasse ?

E. Philippe, premier ministre en 2019, sur la réforme des retraites, disait qu'il n'y avait que 3 solutions, pas quatre ! Mathématiquement disait-il, Il faudrait **cotiser plus longtemps** (c'est repousser encore l'âge du départ à la retraite), ou **augmenter les cotisations** (C'est l'augmentation à la charge des actifs, de moins en moins nombreux… ou des entreprises déjà en manque de

50

compétitivité) ou la **baisse des retraites** (c'est la paupérisation des retraités).

QUE DES MAUVAISES SOLUTIONS…

Il existe bel et bien une quatrième voie… **Augmenter le nombre de cotisants !**

Un *revenu Universel d'Activité* qui serait perçu par 35 Millions de Français en âge d'activité, sur lequel serait prélevé les cotisations « retraite » comme pour tout autre revenu répondrait positivement aux questions précédentes :

1 – Il permettrait **d'augmenter le nombre de cotisants** puisque **TOUS** les individus en âge d'activité seraient des cotisants, salariés ou non, même en cas de chômage.

2 – Il permettrait d'augmenter les cotisations en valeur absolue puisque la totalité de l'assiette versée en Revenu Universel serait concernée (environ 420 Mds €/an) <u>en plus des cotisations habituelles</u> sur les salaires, versées par les salariés et les entreprises.

3 – Contrairement au système actuel il permettrait <u>d'augmenter les retraites versées à terme</u> au lieu de les diminuer. (Puisque les montants du Revenu Universel ouvriraient droit à la retraite par acquisition de points)

4 – Il n'entraînerait aucune tâche de gestion supplémentaire (ni de coût en conséquence) puisqu'il serait géré comme n'importe quel revenu actuel ou futur (mêmes cotisations, mêmes prélèvements sociaux, par les organismes existants déjà : pas de création d'administration spécifique ou autre élucubration…)

5 – Il permettrait de palier le défaut actuel des allocations « chômage » qui n'apportent aucune cotisation et ne

valident aucun droit financier à la retraite, mais valident seulement des trimestres.

Le système de validation des trimestres nécessaires à la perception d'une retraite sans décote ne serait pas modifié et il nécessiterait toujours de valider des périodes d'activité réelle, mais qui pourraient être élargies à d'autres activités que les seules activités salariées, par exemple :

- Les périodes de chômage subies et reconnues avec limite dans le temps entre 2 périodes de salariat.
- Les périodes effectuées dans le bénévolat (associations, humanitaire, club sportif, d'utilité publique etc.)
- Les périodes effectuées dans un mandat politique officiel (même non rémunérées)
- Les périodes effectuées dans les études (diplômes officiels reconnus) permettant aux métiers nécessitant des études longues de prendre leur retraite à l'âge normal, sans décote.
- Les périodes effectuées en tant qu'aidant familial (handicap, personnes âgées etc.)
- Et d'une manière générale toute activité utile à la Nation (rémunérée ou non)

Chaque citoyen pourrait ainsi se constituer une retraite proportionnelle à sa durée d'activité réelle quant aux taux de décote et basée financièrement sur tous ses revenus déclarés au cours de sa vie active, augmentés du montant du Revenu Universel perçu.

Ainsi le montant de points acquis grâce au Revenu Universel serait pondéré par le taux résultant de l'activité réelle au cours de la période de perception, mais en n'ignorant pas les « efforts » et activités utiles non rémunérées comme c'est le cas actuellement. Le défaut d'activité <u>volontaire</u> n'exonérerait pas du paiement des cotisations…

Ainsi serait éliminée la légende qui voudrait que le Revenu Universel mette sur un pied d'égalité ceux qui travaillent et ceux qui ne travaillent pas et ainsi pousse à l'oisiveté. Le travail, ou les activités utiles décrites ci-dessus, payeraient plus pour la retraite que les périodes d'inactivité « volontaire », même si ces dernières resteraient possibles, au regard de la liberté de chacun.

Il serait de toute façon très difficile d'instaurer une condition d'activité pour verser le Revenu Universel d'Activité car comment faire la différence entre quelques oisifs volontaires (< à 1%) et les hommes ou femmes qui restent au foyer pour élever leurs enfants ou construire leur maison, ou ceux qui, faute de contrat de travail, animent les associations caritatives ? Demander à TOUS de prouver leur recherche d'emploi ? On voit bien que cette condition serait grotesque…

De plus cette population d'oisifs qui sert souvent d'alibi aux détracteurs du Revenu Universel non seulement est inférieure à 1% mais de plus est fluctuante. C'est souvent un passage de la vie d'un jeune adulte en rupture avec notre société ; qu'il rencontre son âme sœur, qu'il souhaite créer une famille et il entrera de lui-même dans la vie réellement active, d'autant plus facilement si le RUA lui permet de créer une activité qui lui plait avec un droit à l'échec. Il existe en fait très peu d'oisiveté durable…

Comment passer du système actuel au Revenu Universel

Avant de lancer la mise en œuvre d'un tel projet il convient que la majorité des citoyens y adhèrent. Une première campagne de sensibilisation pourrait être nécessaire pour expliquer les bases :

- Inconditionnalité
- Universalité (Pour tout Citoyen majeur en âge d'activité, il est individuel nominatif et exclusif)
- Un droit, pas une aide sociale
- Economiquement viable (le RUA remplace quoi ? montant, indexation)
- Cumul avec d'autres revenus
- Prélèvements sociaux et fiscaux sur le RUA
- Déchéance, suspension

Il faudrait donc ensuite qu'un référendum National en 2 étapes soit proposé aux citoyens avec une formulation proche de :

Sujet : **LE REVENU UNIVERSEL D'ACTIVITE**

Question : **ETES VOUS D'ACCORD POUR QU'UNE ETUDE DE FAISABILITE SOIT REALISEE EN FRANCE ?**

Cette première étape peut être remplacée par une décision majoritaire du Parlement puisqu'elle n'engage qu'une « étude » de la question.

Si la réponse est positive une commission d'élaboration avec 50% d'experts et 50% de citoyens volontaires et/ou tirés au sort serait créée. Ces pourcentages peuvent être modulés différemment mais je pense qu'il est nécessaire que les citoyens de base y participent.

Les résultats seraient consignés dans un rapport officiel ouvert à tous, au bout de 6 mois maximum.

Sur la base de ce rapport un référendum serait réalisé dans les 6 mois (le temps d'expliquer à chacun les détails du fonctionnement futur) pour valider ou non la décision de mise en œuvre de ce Revenu Universel.

Les citoyens comprennent très bien si on leur explique clairement. Exemple : le passage à l'Euro…

Dans la réflexion il faudra nécessairement se poser la question de savoir qui bénéficiera du RUA.

Pour être perçu comme une réussite il ne faut pas que ce soit une aumône, mais un réel apport financier.

Pour des raisons budgétaires évidentes, il ne semble pas possible de le verser aux 67 millions de Français. De plus, pour les mineurs il vaut mieux éviter l'appel d'air que constituerait le versement du RUA aux enfants… certains s'empresseraient d'en avoir 3 ou 4 pour percevoir 5 ou 6 fois 1000 € ! (Sans pour autant de certitude de l'utilisation au profit des enfants). Comme le RUA doit être nominatif et exclusif on ne peut le servir qu'aux citoyens majeurs en âge d'activité.

Le député des Landes Boris Vallaud porte une proposition de loi visant à allouer un revenu de base et une dotation unique de 5000 euros pour tous les Français, et ce, dès 18 ans. Cette mesure peut être un complément au RUA, utile pour démarrer dans la vie active (Financer le permis de conduire, achat d'un véhicule etc.), mais doit être traitée à part.

Si l'on considère *qu'un montant de 1000 € brut mensuel* est le <u>minimum</u> pour que le RUA soit efficace sur les points évoqués plus haut (au-dessous il n'aurait pas les effets escomptés et serait discrédité), pour 67 millions de français cela coûterait 804 Mds d'euros par an, ce qui est plus que toute la redistribution actuelle, retraite Sécurité Sociale incluse ! (Pour mémoire : 714 Mds de redistribution en 2017 dont 526 Mds de retraite SS, soit 188 Mds d'aides sociales de toute sortes)

Dans les lignes qui suivent une proposition plus équilibrée est évoquée et détaillée :

- 1000 € brut/mois, soit **828 € nets par mois et par personne** pour 35 millions de Français (c'est-à-dire : mineurs et retraités exclus), et donc **1656 € nets/mois pour un couple**.

Cela ramènerait son coût à 420 Mds € bruts/an, soit 348 Mds d'€ par an après déduction des prélèvements sociaux obligatoires, auxquels on retrancherait comptablement 188 Mds €/an d'aides supprimées et remplacées par le RUA (Allocations chômage, RSA, prime d'activité, APL, etc. Voir tableau en fin de thèse dans le volet chiffres), resterait 160 Mds € par an à la charge de l'Etat. Si l'on estime que les économies de structures et de gestion (suppression des Assedic, et de tous les organismes de gestion des aides supprimées) seraient au moins de 30 Mds € par an, le Revenu Universel d'Activité ne coûterait finalement que 130 Mds €

nets par an, et pas moins de 23 Mds € de TVA seraient récupérés (si seulement 50% du RUA est dépensé par les bénéficiaires, donc vraisemblablement plus) et 15 Mds/an d'aides ponctuelles économisés (Budget annuel, alloué au coup par coup suite aux manifestations en tous genres, notamment des travailleurs pauvres…), auxquels s'ajouteraient 34 Mds d'impôt sur le revenu.

Il resterait à financer 58 Mds € soit moins de 2,38 % du PIB. Pour lesquels il faudra trouver des solutions.

Ne seraient conservées que les aides actuelles envers les familles (allocations familiales et petite enfance 37 Mds €), les handicapés (aides actuelles 10 Mds €), le minimum vieillesse et la dépendance. Pour certaines familles mono parentales, avec plusieurs enfants, qui aujourd'hui perçoivent le RSA + l'APL, il se peut que ce RUA soit moins intéressant. Ce sont quelques cas particuliers pour lesquels une péréquation pourrait alors exister pour qu'ils ne perçoivent pas moins. Mais il faut noter que le RUA est permanent et donne un droit à retraite, ce qui n'est pas le cas du RSA.

On resterait assez proche de la redistribution actuelle.

Pour mémoire en 2017 : Redistribution totale   714 Mds € :

L'augmentation annuelle moyenne du PIB (hors période de pandémie) se situant à environ 65 Mds € *le coût de l'installation du Revenu Universel d'Activité (58 Mds €) serait absorbé en moins de 2 ans…*

Les aides sociales ne concerneraient plus que les mineurs (Allocations familiales et aide à la petite enfance), les retraités (minimum vieillesse, dépendance), les handicapés (qui cumuleraient le RUA avec les aides actuelles)

En même temps, seraient supprimées de fait toutes les fraudes actuelles (connues ou inconnues) sur la perception des aides sociales supprimées et remplacées par le RUA.

Plus les systèmes sont simples, plus difficiles sont les fraudes...

Cas particulier des retraités

Une fois le système en place les retraités qui auront perçu le revenu Universel pendant toute leur période d'activité toucheront, outre leur retraite basée sur leurs salaires perçus, une retraite augmentée de leur droits acquis par la cotisation sur le revenu Universel. **MAIS,** pour les retraités d'aujourd'hui et ceux qui n'auront pas perçu le revenu Universel pendant TOUTE leur période d'activité, il faudra veiller à ce qu'ils ne se soient pas lésés. Je pense qu'une péréquation entre leur retraite réelle (Basée sur salaires + revenu Universel) et le montant du SMIC par exemple sera nécessaire jusqu'à l'extinction des citoyens dans ce cas (dans 40 ans environ). Cela équivaut à garantir à tous les retraités un « minimum vieillesse à hauteur du SMIC... Mais le coût initial sera résorbé progressivement.

On voit, en cette période de pandémie, que les populations qui se portent le mieux « économiquement » sont les retraités, parce que leur revenu est fixe et garanti, sous réserve que leur retraite soit décente.

Le RUA permettrait de favoriser l'allongement de la durée d'activité et de productivité de la Nation car à l'heure du départ à la retraite les citoyens arrêteraient de le percevoir. Mais ce serait un libre choix que de continuer à travailler, pour ceux qui le **peuvent** et le **souhaitent**, qui continueraient ainsi à percevoir ce revenu Universel tant qu'ils sont en activité, et donc productifs pour la Nation. Mieux vaut susciter l'envie de continuer à travailler (et à cotiser pour les retraites) que d'imposer à tous (même à ceux qui en sont physiquement incapables) un départ en retraite retardé.

Les retraités toucheraient, quant à eux, leur retraite basée sur leurs salaires perçus durant leur carrière, augmentée du Revenu Universel d'Activité perçu durant la même période d'Activité, soit une retraite supérieure à celle d'aujourd'hui.

Cas particulier des jeunes majeurs

« C'est dur d'avoir 20 ans en 2020 » E Macron dixit. Pour reprendre la formule de son prédécesseur « un Président ne devrait pas dire ça » ! Car son rôle est justement d'y remédier.

Un RUA mensuel de 1000 € brut, éventuellement associé à une dotation (*) de 5000 € (versement unique) pourrait répondre à ce problème. Passer le permis de conduire, acheter un véhicule pour se déplacer, avoir une caution pour trouver un logement, sont manifestement des éléments qui faciliteraient l'entrée dans la vie active ou universitaire, surtout pour les jeunes issus des classes sociales les moins dotées.

(*) Cette dotation est notamment évoquée et proposée par Boris Vallaud Député PS des Landes.

Répondons aux thèmes précédemment évoqués :

- **Inconditionnalité :** Aucune condition de ressource, ni de salariat. Il faut juste être Français, résider sur le territoire depuis au moins 5 ans, déclarer ses impôts en France.

- **Universalité** : Pour tout Citoyen majeur, en âge d'activité (non mineur, non retraité), il est individuel, nominatif et exclusif.
  Il est versé automatiquement, sans avoir à le réclamer. Cela élimine le problème du non-recours comme actuellement avec le RSA...

- **Un droit, pas une aide sociale**
  Redistribution uniforme d'une partie de la richesse du pays pour faciliter l'insertion dans la vie sociale.

- **Economiquement viable** (le RUA remplace quoi ? montant, indexation)
  Actuellement la France redistribue 714 milliards € par an de prestations sociales de toutes sortes soit 33% de son PIB. (Chiffres 2017)
  Proposé initialement à 1000 € brut par mois le RUA remplacerait un certain nombre d'aides sociales actuelles : Allocations chômage, RSA, prime d'activité, APL etc. il éviterait tout dérapage budgétaire, toutes les fraudes. De plus, la gestion de toutes ces prestations est une « usine à gaz » qui coûte de ce fait encore plus cher à gérer. (Exemple :

40 Mds € par an de frais de gestion rien que pour la Sécurité Sociale en 2017).

De même certaines mesures de baisse de charges envers les entreprises, justifiées dans un cadre de chômage de masse temporaire pourraient être supprimées (CICE, réductions dites « Fillon » par exemple). Les bas salaires ne seraient plus aidés mais se caleraient sur la loi du marché puisqu'ils sont considérés comme une « marchandise » comme une autre (mettre les chefs d'entreprises face à leurs responsabilités), éliminant ainsi la perversité de ces mesures « sociales », instaurées pour les bas salaires, mais qui à terme dissuadent les employeurs d'augmenter leurs salariés au SMIC car sinon ils voient le coût des charges sur salaires grimper en flèche.

Les allocations chômage n'existant plus, les cotisations associées seraient supprimées. En échange de cet allègement envers les entreprises le calcul de l'impôt « société » pourrait être révisé à la hausse (Il ne touche d'ailleurs que les entreprises qui font des bénéfices, et serait donc indolore pour celles en équilibre précaire) avec un volet dégressif basé sur le nombre de salariés en CDI. En effet au lieu de « taxer les robots » comme certains le préconisent (solution complexe à mettre en place) mieux vaut taxer les bénéfices en fonction du nombre de salariés en CDI présents dans l'entreprise, qui participent à la création de sa richesse.

De même le **taux de la Flat Tax** qui plafonne les prélèvements sur les revenus du Capital à **30%**, _prélèvements sociaux inclus_, devrait être **revu à la hausse**. Car 30% -17,2% de prélèvements sociaux cela revient à imposer les dividendes à 12,8 % soit moins que la première tranche d'imposition (14%) !

Une autre voie serait de créer une « Cotisation sur la Valeur Ajoutée » (CVA) en remplacement de la TVA actuelle et qu'une part des cotisations Sociales y soit intégrée afin que ces cotisations ne soient plus assises uniquement sur la masse salariale comme aujourd'hui (Ce qui défavorise les entreprises à fort potentiel humain et créé une rente de situation pour celles qui sont fortement robotisées ou qui ont recours à l'Uberisation). Les détails sur les financements possibles font l'objet d'un chapitre spécial à la fin de ce document.

- **L'indexation**, ou la révision du montant de ce Revenu Universel d'Activité devrait pouvoir se faire sur la base de l'inflation constatée par l'INSEE ou sur l'augmentation du PIB (cette dernière étant généralement supérieure à l'inflation dans les 10 dernières années). (Sauf en cas de pandémie non anticipée...)

Mais méfions-nous des approches qui ne sont souvent que des effets d'annonce.

Dans ma jeunesse en 1950, au sortir de la guerre et de la crise sociale qui a suivi, était créé le SMIG (Salaire Minimum Interprofessionnel Garanti) qui devait procurer aux travailleurs modestes un socle minimum de revenu. Le mot « Garanti » était alléchant. Mais l'inflation galopante a eu vite fait de réduire cette garantie à la portion congrue.

Face à cette inflation, en 1970 Le SMIC (Salaire minimum interprofessionnel de Croissance) remplace le SMIG ! Là encore le mot Croissance fait espérer que ce salaire sera indexé sur la croissance. Mais dans les faits la croissance de la France qui a explosé entre 1980 et 2020 n'a jamais vraiment été totalement répercutée sur le montant du SMIC…
Donc, dans l'optique de l'instauration d'un Revenu Universel, le choix du mode d'indexation est primordial pour assurer l'avenir.

- **Cumulable** avec tous les autres revenus, quels qu'ils soient… Capital, salariat, indépendants, agriculteurs, professions libérales etc. ou rien du tout (En fait aucune interdiction de cumul).

- **Prélèvements sociaux et fiscaux** sur le Revenu Universel d'Activité

Le Revenu Universel d'Activité serait assujetti aux prélèvements obligatoires comme n'importe quel salaire (Sécurité Sociale, Retraite, CSG etc…)

Il serait déclaré fiscalement comme n'importe quel autre revenu et soumis à l'impôt dans les mêmes conditions. Ainsi les hauts revenus assumeraient un montant d'imposition supérieur aux bas revenus confortant la progressivité de l'imposition… et par là même la participation au financement du Revenu Universel d'Activité proportionnellement aux revenus.

N.B. Pour des raisons de visibilité de l'impact du RUA auprès des bénéficiaires il devrait être exclu du prélèvement à la source et que l'imposition correspondante ne soit calculée qu'au moment de la régularisation annuelle. Comme il s'agit d'un revenu d'un montant fixe et symbolique il ne faut pas que son montant mensuel soit présenté en fonction du taux d'imposition individuel.

- **Déchéance, suspension**

Les citoyens déchus de leurs droits civiques le seraient également du Revenu Universel d'Activité.

De même les citoyens condamnés à des peines de prison verraient leur RUA suspendu pendant leur peine. Ainsi ce serait leur participation au fonctionnement du système pénitentiaire, une pension complète en quelque sorte…

Actuellement, seuls les citoyens « irréprochables » payent ce fonctionnement.

Au 1er janvier 2019 il y avait 70000 détenus dans les prisons ce qui ferait 840 millions d'€ par an de RUA suspendus et versés au système pénitentiaire ou à d'autres services publics pour améliorer leur fonctionnement !

Une fois leur peine purgée ils retrouveraient leur droit au RUA pour faciliter leur réinsertion.

Des suspensions et saisies pourraient être prononcées par les tribunaux à l'encontre des citoyens refusant d'assumer leurs responsabilités financières… notamment les pensions alimentaires non payées et les fraudeurs du fisc…

Le Revenu Universel d'Activité pour apaiser la gestion de l'immigration

Il est à noter que les aides sociales étant remplacées par le RUA et celui-ci étant réservé aux Français résidant depuis au moins 5 ans en France, les migrants qui viennent chaque année trouver refuge (qu'il soit politique ou économique) dans notre pays, ne le feraient pas pour « toucher les aides sociales » comme la rumeur le prétend aujourd'hui.

La gestion de ces migrants s'en trouverait largement apaisée, et il n'y aurait pas « d'appel d'air » relatif à ces prestations.

Seule demeurerait bien sûr la question humanitaire qu'un grand pays comme la France se doit de prendre en compte avec sérieux. C'est un autre sujet.

Les pistes de financement

Les pistes sont nombreuses pour financer le « reste à charge » une fois déduites toutes les ressources récupérables décrites plus haut : TVA ou CVA, suppression d'aides actuelles aux citoyens et aux entreprises dans le cadre de la lutte contre le chômage (Cotisations chômage, Réductions Fillon, et subvention diverses à l'emploi, qui représentent environ 60 Mds/an, le RSA, la prime d'activité, l'APL, les bourses étudiantes...), économie de gestion (suppression Assedic, allègement de gestion pour la Sécurité Sociale, simplification de la lutte contre les fraudes et contrôle des ayants droit), Suppression des aides ponctuelles récurrentes, suites à divers mouvements de foule (gilets jaunes), etc.

A mon sens on ne trouvera pas UNE mesure qui a elle seule permettra de financer le RUA. Une fois déduites toutes les dépenses actuelles, remplacées par le RUA il restera environ 58 Mds € à financer.

Il faudra utiliser tous les moyens possibles sous réserve qu'ils soient justes, solidaires, compatibles avec l'écologie, qu'ils favorisent « l'humain », rentables par rapport à leur mode de perception, compatibles avec la communauté Européenne, et si possible indolores pour les contribuables concernés. Les choix devront se porter sur des mesures pour lesquelles la France peut décider seule car s'il faut mettre toute l'Europe d'accord avant d'appliquer la mesure il n'y a aucune certitude sur la réussite du financement.

On peut citer les mesures suivantes :

- **Suppression des niches fiscales**

  Le mouvement a déjà commencé, il reste à le poursuivre et à le terminer.

- **Lutte contre l'évasion fiscale**

  Le ministère des finances chargé de cette lutte manque de moyens. Il faut redéployer les moyens de l'Etat. La main d'œuvre supprimée à terme dans les postes de gestion du chômage (pôle emploi, Assedic, Sécurité Sociale) peut être reconvertie vers ce domaine.

- **Suppression de la Flat Tax**, il faut que les revenus du Capital soient taxés proportionnellement aux revenus des bénéficiaires comme pour les salaires ou pour le moins qu'elle soit révisée…

- **Impôt Société modulé** par le nombre de salariés en CDI présent dans l'entreprise

  Une solution plus simple que vouloir *taxer les « robots »* :

  Une taxe prélevée sur les bénéfices réalisés, en rapport avec le ratio bénéfice/nb de salariés :

  Entreprise A robotisée emploie 20 salariés et fait 100 000 € de bénéfice déclaré

Ratio = 100 000/20 = 5000

Entreprise B peu ou pas robotisée emploie 40 salariés et fait   100 000 € de bénéfice déclaré

Ratio = 100 000/40 = 2500

Fixer une valeur de point de participation (2 € par exemple, ou autre, à définir)

Entrep. A assumera l'effort de : 5000*2 = 10 000 € (soit 10% du bénéfice prélevé sur actionnaires de A)

Entrep. B assumera l'effort de : 2500*2 =   5 000 € (soit 5% du bénéfice prélevé sur actionnaires de B)

Pour limiter la rente générée par l'automatisation il semble naturel de taxer plus l'entreprise qui embauche le moins. Il faut que cela reste supportable c'est pour cela qu'*il ne faut taxer que les entreprises qui font des bénéfices*. De plus cela inciterait les actionnaires potentiels à investir davantage dans les entreprises « humaines », plutôt que dans celles qui robotisent, délocalisent, « Uberisent », et organisent des plans « sociaux » comme c'est le cas actuellement.

Le calcul de cette taxe pourrait être tel que le montant collecté, ajouté à l'impôt « société » actuel augmente ce dernier de 5% (ou +), en contrepartie de la suppression des cotisations chômage qui étaient versées par les entreprises. Le mécanisme fonctionnerait aussi pour les entreprises qui pratiquent l'Uberisation (peu de salariés, beaucoup de travailleurs indépendant...).

Les charges patronales (ex cotisations chômage) supprimées doivent être compensées par l'augmentation de l'Impôt Société.

Il s'agit ainsi du transfert vers l'Etat de ressources qui lui permettront de financer une partie du revenu Universel d'Activité. En contrepartie le patronat n'a plus à participer à la gestion de l'Assedic du fait de sa suppression.

Evidemment, feront remarquer certains, le montant du RUA ne viendra pas compenser le montant des allocations Assedic pour les plus hauts salaires s'ils se retrouvent au chômage. C'est un fait. Mais, d'une part le RUA leur sera versé TOUS les mois, pendant TOUTE leur carrière, <u>avant, pendant et après</u> une période de chômage éventuelle, ce qui leur permettra de « prévoir » ces périodes plus difficiles. Si un cadre qui perçoit un salaire de 4500 €/mois décide d'utiliser le RUA pour payer les traites d'un gros 4x4 c'est son droit mais c'est à lui de se prendre en charge ou de souscrire grâce au RUA une assurance chômage. Cette assurance chômage pourrait éventuellement être proposé par les services de l'Etat, car il n'est pas obligatoire de transférer cette fonction aux assurances privées.

C'est aussi, d'une certaine manière, la justification de verser le RUA à tous, même aux « riches », car : aujourd'hui patron, cadre, demain simple salarié ou chômeur qui peut savoir ?   (Une pandémie peut tout changer !)

- ***L'ISF et l'ISF Ecologique***

L'impôt sur la fortune a des avantages et des inconvénients :

Avantages
- Symboliquement ça parle au peuple
- Quasiment indolore pour les français concernés
- Le rapport n'est pas gigantesque mais n'est pas nul, (avec 15 Mds d'euros par an on fait des choses). Cela pourrait alimenter un fonds de transition écologique (Le Capital produit, donc il consomme de l'énergie, des Matières Première et pollue ; en conséquence il est normal qu'il paye une participation en compensation)

Inconvénients
- Rapport peu élevé au regard du budget de l'Etat
- Peu faire fuir les contribuables <u>non solidaires</u> de la Nation (parait-il)
- Pénalise les entreprises au niveau de l'investissement (mais on vient de dire que 15 milliards c'est peu)

Comment réconcilier les Français sur cette question ?

1 – En instaurant ou en rétablissant durablement l'ISF <u>sur le principe</u>

2 – En distinguant les caractéristiques du patrimoine concerné

      . Patrimoine investi dans les entreprises : ***exonéré***

      . Patrimoine investi ailleurs (œuvre d'art, yacht, immobilier etc.) : ***Non exonéré***

3 – En Taxant les patrimoines concernés, ***à priori***, et en exonérant ***sur preuve*** d'investissement dans l'économie.

Petite réflexion à propos de l'ISF

Il faut savoir de quoi l'on parle.

Que ce soit l'ancien ISF (Impôt sur la fortune) ou la nouvelle ISI (Impôt sur la fortune Immobilière), instauré par E. Macron en remplacement de l'ISF, cet impôt est quasiment indolore pour ceux qui y sont assujettis.

En effet :

1 – Il faut être à la tête d'un patrimoine > à 1 300 000 €

2 – Pour ceux qui possèdent entre 1,3 Million € et 2,5 M € le taux n'est que de 0,5 % de 0,8M € à 1,3 M € et 0,7% au-dessus.

Soit 2 500 €/an pour 1,3 M €

Soit + 8 400 €/an pour 2,5 M €

3 – Le taux pour ceux qui possèdent 5 M € n'est que de 1%

Soit + 25 000 €/an

4 – Le taux pour 10 M € n'est que de 1,25 %

Soit + 62 500 €/an et 1,50 % au-dessus de 10 M €

5 – Les réductions d'impôts pour investissement dans les PME, ESUS etc. peuvent atteindre jusqu'à 45 000 € (Actuellement)

On voit donc que cet Impôt est symbolique et qu'il ne mérite pas le battage médiatique fait autour de lui. Dire que cet impôt est de nature à faire fuir les contribuables les plus aisés à l'étranger est un artifice qui cache la réalité, ou alors, ces contribuables, au vu des sommes dont ils se trouvent redevables, eu égard à leur patrimoine, ont une bien piètre idée de la solidarité Nationale…

L'instauration du Revenu Universel d'Activité, en permettant à chaque individu de percevoir une somme annuelle de 12 000 € brut, viendrait même gommer l'impact de l'ISF ou ISI pour tous les contribuables dont le patrimoine est inférieur à 2,5 Millions € !

Mais en définitive, je pense que l'ISF doit être rétabli et l'ISI oublié, permettant ainsi de taxer au-delà du patrimoine immobilier, car pourquoi exonérer les patrimoines investis dans les yachts de luxe, dans les œuvres d'art ou dans les voitures de luxe et de collection ?

Seule devrait être exonérée la part des patrimoines investis dans l'Economie Nationale, sur preuve tangible de cet investissement durable (sur 5 ans minimum).

- *La Flat Tax ou PLU*

Elle est à revoir (même si elle vient d'être instaurée début 2018) car elle plafonne l'imposition des dividendes et des revenus du capital à **30%, prélèvements sociaux inclus**. Les prélèvements sociaux devraient être exclus de la Flat Tax et le plafonnement libératoire s'il devait perdurer (à redéfinir) s'appliquer au montant perçu hors prélèvement sociaux.

On ne peut pas plafonner la solidarité pour les actionnaires et en même temps l'augmenter pour tous les autres contribuables.

Le Conseil Constitutionnel devrait d'ailleurs retoquer cette mesure discriminatoire car, dans le calcul actuel, si la CSG devait augmenter (comme en 2018) cela diminuerait d'autant l'impôt sur les dividendes puisque le tout est plafonné… ! Mélanger les 2 c'est un tour de passe-passe… qui exclue de fait les dividendes des augmentations futures de la solidarité Nationale.

- **Intégration de charges sociales dans une CVA** (« cotisation » sur la valeur ajoutée au lieu de « taxe ») de l'équivalent des cotisations chômage qui disparaitraient et d'une partie des autres charges patronales liées à l'emploi.
Personnellement je préfère la solution d'intégration des cotisations chômage supprimées à l'Impôt

Société car cela exonère les entreprises qui ne font pas de bénéfices.

D'autres pistes sont évoquées par certains :

- **Impôt négatif**

  Complexe, difficile à mettre en œuvre et à expliquer. Cela peut très bien fonctionner pour ceux qui ont des revenus réguliers et prévisibles comme les salariés « standards » et les fonctionnaires, mais pour les indépendants, commerçants, professions libérales, agriculteurs etc. ce serait beaucoup plus compliqué avec des régularisations à postériori sans cesse nécessaires.

- **Taxe sur les transactions boursières** (origine taxe TOBIN)

  Plus il y a de transactions plus elle rapporte… mais en même temps elle fait baisser le nombre de transactions donc la base de taxation (il parait disent certains qu'au-delà d'un certain taux cela ferait diminuer le rapport !) Je crois qu'il faudrait vérifier la véracité de cette position… car une taxe « Tobin » à l'échelle de l'Europe serait intéressante, mais la France ne peut pas décider seule d'une telle mesure.

- **Augmentation de la CSG**

  C'est de loin la solution la plus simple et la plus juste mais aussi la plus visible et la plus exposée à la critique. Le financement par la CSG ne peut être valable que si la Flat Tax est revue ou supprimée.

- **Impôt sur le revenu**

 Garder la progressivité de cet impôt et peut-être en échange de l'instauration du revenu Universel d'activité faire payer l'impôt dès le premier Euro, même si c'est à un taux marginal. Ainsi tous les Français participeraient, proportionnellement à leur revenu (y compris le RUA). La révision des tranches d'imposition va de pair avec le paiement dès le 1er Euro.

- **Taxer les GAFAS** (les géants du Net) présents et futurs, quelle que soit l'implantation de leur siège Social.

 Tous les chiffres d'Affaires réalisés sur le sol Français (l'acheteur réside en France et la livraison se fait en France) devraient être taxés (TVA ou CVA). Les bénéfices qui en découlent doivent également être concernés par les lois Françaises...

 NB. La CSG/CRDS actuelle représente 115 Mds de recettes par an.
 1 point de CSG rapporte donc 11,86 Mds/an.
 C'est l'impôt le plus juste car il touche tous les revenus y compris ceux du Capital (à condition de supprimer ou revoir la flat Tax).
 Une partie du financement du RUA par quelques points de CSG serait assurément une mesure très redistributive (Les plus hauts revenus participant ainsi proportionnellement).

Le REVENU UNIVERSEL D'ACTIVITE en chiffres (annuel)

PIB de la France	2 426 000 000 000,00	€ (2019)
(2426 milliards d'euros par an)		
Nombre de Français	67 000 000	
Nombre de mineurs	16 000 000	
Nombre de Retraités	16 000 000	
Nombre de bénéficiaires	35 000 000	

		Montant
Montant du RUA brut mensuel		**1 000,00 €**

Prélèvements sociaux	Taux	
Maladie et retraite SS	7,3	73,00 €
Csg déd + non déd + Crds	9,7	97,00 €
Prévoyance	0,2	2,00 €
Total prélèvements sociaux	17,2	172,00 €
Montant du RUA net mensuel		**828,00 €**

Montant Total brut	420 000 000 000,00 €
Montant total net	**347 760 000 000,00 €**
Aides supprimées	
RSA	12 000 000 000,00 €
APL	18 000 000 000,00 €
ASSEDIC	90 000 000 000,00 €
Solidarité spécifique	2 700 000 000,00 €
Solidarité Outre-mer	59 000 000,00 €
Alloc Transitoire solidarité	103 000 000,00 €
Alloc temporaire d'attente	218 000 000,00 €
Prime d'activité	5 000 000 000,00 €
Subvention à l'emploi (employeurs)	
Réduction Fillon	20 000 000 000,00 €

CICE		25 000 000 000,00 €
Zones rurales ; urbaines et OM		2 000 000 000,00 €
Emplois aidés		4 500 000 000,00 €
Créateurs, repreneurs d'activité		1 000 000 000,00 €
Exo emploi agricole		600 000 000,00 €
Incitation à l'embauche		600 000 000,00 €
Crédit salariés à domicile		6 000 000 000,00 €
Total		**187 780 000 000,00 €**
Coût final		**159 980 000 000,00 €**
Pourcentage du RUA versé dépensé	50%	173 880 000 000,00 €
Tva récupérée (taux moyen)	13%	22 604 400 000,00 €
Sur la moitié dépensée		
Economies sur gestion aides		30 000 000 000,00 €
Impôts récupérés (20% sur 50% de citoyens qui payent l'impôt) sur RUA versé (347,760 Mds)	20%	34 776 000 000,00 €
Suppr aides ponctuelles/an		15 000 000 000,00 €
Coût réel		**57 599 600 000,00 €**
Soit	**2,38 %**	**du PIB (2019)**

Si une grande Nation comme la France ne peut pas consacrer 2,38 % de son PIB à l'éradication de la pauvreté c'est à désespérer de tout…

Conclusion

Pour que chaque citoyen en âge d'activité puisse se situer par rapport au Revenu Universel d'Activité décrit dans cette thèse je vous propose **un petit récapitulatif** :

. Salarié dans le privé au SMIC le RUA correspondrait pour vous à une augmentation de 1000 € brut par mois.

. Salarié autre dans le privé : idem 1000 € brut par mois

. Fonctionnaire, enseignant, infirmière 1000 € brut par mois

. Chômeur en recherche d'emploi 1000 € brut par mois (sans tracasseries administratives)

. Homme ou femme au foyer 1000 € brut par mois

. Conjoint dépendant qui veut divorcer 1000 € brut par mois

. Etudiant majeur 1000 € brut par mois

. Profession libérale, médecin, avocat… 1000 € brut par mois

. Artisan, commerçant 1000 € brut par mois

. Agriculteur, éleveur, pêcheur 1000 € brut par mois

. Travailleur indépendant, artiste… 1000 € brut par mois

. Chef d'entreprise 1000 € brut par mois (mais I.S. revu)

. Rentier 1000 € brut par mois (mais rétablissement de l'ISF)

. Actionnaire 1000 € brut par mois (révision de la Flat tax)

. Condamné libéré 1000 € brut par mois (pour réinsertion)

Je rappelle qu'il s'agit de 1000 € brut **par personne**, donc de 2000 € brut minimum par couple…

Regardez ce que cela vous apporte de sécurité à <u>VOUS</u> et vos proches.

 Ne regardez pas les autres catégories. Ne soyez pas jaloux ou envieux. Ne dîtes pas « Je travaille, j'ai 1000 € de RUA, et celui qui ne travaille pas à 1000 € aussi, ce n'est pas juste ! ».

Votre mérite n'est pas récompensé par le RUA mais par votre salaire. Le RUA n'a rien à voir avec la méritocratie. Et si demain vous vous trouvez à votre tour en difficulté (divorce, perte d'emploi, revers de fortune etc.) vous bénéficierez toujours vous aussi de cette garantie offerte par l'ETAT.

En permettant à toutes les catégories de Français d'y trouver leur compte le Revenu Universel d'Activité permettra de supprimer les CAUSES du mécontentement ou de la colère de certains citoyens.

Faute de traiter les *CAUSES* les gouvernements sont contraints d'en gérer les *EFFETS* :

. Manifestations qui engendrent des affrontements avec la police,

. Lois sécuritaires qui amplifient la colère et les manifestations qui génèrent des dégradations inutiles et des répressions elles-mêmes génératrices de protestations.

Exemple : la loi de sécurité globale et ses conséquences ne seraient pas d'actualité si les CAUSES de la colère du peuple étaient sérieusement traitées en amont…

En asséchant les raisons de manifester l'Etat isolerait inévitablement les vrais « casseurs » et fauteurs de trouble qui n'auraient plus la possibilité de s'abriter derrière le prétexte de nobles causes à défendre.

Actuellement les parlementaires se saisissent de l'évaluation de l'instauration d'un Revenu Universel.

Souhaitons que dès 2021, sur ce sujet de la sécurité économique minimum due à chaque Français, ils fassent abstraction de leurs idéologies politiques pour se concentrer sur l'intérêt général.

Merci d'avance à eux.

NB. Il sera possible aux « professionnels » de l'Economie de trouver quelques « erreurs » dans ma thèse, j'en suis conscient, surtout dans la première version. Les chiffres, récoltés parfois dans les médias, peuvent être légèrement différents de la réalité comptable. Je ne suis qu'un simple citoyen avec des moyens d'investigation modestes. Toutefois c'est le projet d'ensemble exposé dans la thèse qu'il faut considérer, sauf si les détracteurs cherchent à discréditer le propos.

Plan de débat sur le Revenu Universel

1 – Il faut bien faire la différence entre redistribution égalitaire d'une partie de la richesse du Pays et distribution d'une aide sociale, même si les deux se rejoignent dans la tentative d'éradication de la précarité et favorisent l'insertion sereine de chaque citoyen dans la société. (Voir préambule de la brochure)

2 – Justification philosophique de redistribuer une part de la richesse du Pays (pages 20 à 22)

3 – Définir les objectifs concrets à atteindre en redistribuant cette part de richesse (pages 26 et 27)

4 – Règles à respecter pour l'étude de faisabilité et la mise en œuvre (page 27)

5 – Présentation de tous les effets escomptés de l'instauration de la mesure (pages 44 à 46)

6 – Parmi toutes les propositions de revenu universel établir un choix étayé sur la formule choisie (pages 12 et 28)

7 – A contrario, ce que le revenu universel ne doit PAS être (pages 29 à 32)

8 – Mise en lumière des arguments des détracteurs de la mesure et réponse à chaque argument par une démarche positive qui montre soit l'erreur d'appréciation, soit le verre à moitié plein en face du verre à moitié vide, soit qui démontre éventuellement la mauvaise foi… Démonter les dogmes et les idées reçues (pages 23 à 25)

84

9 – Reprise des effets escomptés un par un et développement pour chacun des attentes effectives (pages 44 à 46)

(Dans le débat oral, Il ne suffit pas d'annoncer un effet positif… il faut le démontrer en l'expliquant…)

10 – Développement des grands thèmes :

. Le revenu universel et la gestion du chômage (pages 34 à 38)

. Le revenu universel et la paix civile et sociale (pages 40 à 42)

. Le revenu universel et la gestion des retraites (pages 48 à 51)

. Comment mettre en œuvre pratiquement le revenu universel (pages 52 à 63)

. Comment le financer (pages 64 à 77)

11 – La démarche politique à court terme

. Quels Partis ou Mouvements politiques le revenu universel peut-il amalgamer autour de lui ?

. Faut-il proposer à ces Partis ou Mouvements une alliance autour de ce thème ?

. Faut-il en faire un axe essentiel pour la prochaine Présidentielle ?

. Les Partis ou Mouvements déjà quasi perdants pour l'accès au second tour des présidentielles peuvent-ils renverser la tendance autrement que par une alliance sur un sujet fédérateur (mais néanmoins clivant) comme le revenu universel qui apporte un socle garanti à TOUS les citoyens ? (Du plus à gauche au plus à droite) Oui, à condition de prendre en compte un maximum d'intérêts (tous citoyens, salariés du public ou privé, indépendants, entrepreneurs, libéraux et capitalistes même) tout en maintenant des interdits de bon sens à l'exagération… des plus libéraux ou des plus conservateurs.

. Face aux citoyens ne surtout pas être flou mais au contraire très précis sur les tenants et aboutissants de la mesure. Que chacun sache ce que ça va lui apporter ou pas. Ne pas faire comme les Anglais avec le Brexit où les citoyens ont voté POUR sans savoir vraiment ce qu'il y avait derrière ; ça c'est le plus grand échec qui puisse arriver. Le parlement va se saisir de lancer une étude de faisabilité (là où je propose de mettre en place une commission participative). Le Parlement peut très bien s'en charger mais il faut un rapporteur qui maîtrise parfaitement le sujet.

Moi, simple citoyen, je n'ai pas réellement les moyens de faire bouger les lignes. Je fais comme le colibri de la fable je fais ce que j'estime être ma part de travail… En espérant que ceux qui peuvent avoir de l'influence sur le cours des choses prennent le relai… Et comme je suis républicain et démocrate cela ne peut passer que par le parlement élu.

Renseignements sur l'auteur :

Marc PEZALE, habite le département des Landes (40)

Contact par courriel : lesud65@orange.fr

Parcours :

74 ans, Acteur de mai 68

Tour à tour fonctionnaire, ingénieur informaticien, créateur de société, commerçant, élu local (15 ans).

Aujourd'hui retraité.

Par ce parcours a acquis une bonne connaissance du tissu économique de la France.

Par ces activités éclectiques (tantôt, salarié, tantôt chef d'entreprise, élu local), maîtrise les problématiques rencontrées par chaque groupe social.

De plus, l'âge permet d'acquérir une certaine légitimité pour aborder les sujets de société, pas seulement de manière intellectuelle, mais à base de vécu, et si possible de "bon sens".